Liebre polar

Grace Hansen

Abdo Kids Jumbo es una subdivisión de Abdo Kids
abdobooks.com

abdobooks.com

Published by Abdo Kids, a division of ABDO, P.O. Box 398166, Minneapolis, Minnesota 55439.

Printed in the United States of America, North Mankato, Minnesota.

052021

092021

Spanish Translator: Maria Puchol

Photo Credits: iStock, Minden Pictures, National Geographic Image Collection, Shutterstock, SuperStock

Production Contributors: Teddy Borth, Jennie Forsberg, Grace Hansen
Design Contributors: Dorothy Toth, Pakou Moua

Library of Congress Control Number: 2020930754

Publisher's Cataloging-in-Publication Data

Names: Hansen, Grace, author.

Title: Liebre polar/ by Grace Hansen;

Other title: Arctic Hare. Spanish

Description: Minneapolis, Minnesota: Abdo Kids, 2022. | Series: Animales del Ártico | Includes online resources and index.

Identifiers: ISBN 9781098204259 (lib.bdg.) | ISBN 9781098205232 (ebook)

Subjects: LCSH: Snowshoe hare--Juvenile literature. | Snowshoe rabbit--Juvenile literature. | Rabbits--Juvenile literature. | Zoology--Arctic regions--Juvenile literature. | Spanish language materials--Juvenile literature.

Classification: DDC 599.322--dc23

Contenido

El Ártico

El Ártico es la zona más septentrional de la Tierra. Está compuesto por tierra y por el océano Ártico cubierto de **hielos marinos**. El clima es gélido. ¡Solamente los animales más fuertes pueden sobrevivir en el Ártico!

Liebres polares

Las liebres polares están adaptadas para sobrevivir en sus hábitats nevados y fríos. Tienen las patas traseras muy grandes y largas. Actúan como raquetas de nieve y les ayudan a moverse con facilidad sobre la nieve.

Su pelaje en invierno es blanco como la nieve. Esto les ayuda a camuflarse en su entorno y mantenerse a salvo.

Las liebres polares también tienen un **subpelaje** corto y espeso. Esto les da una capa de protección extra contra el frío.

Sus orejas son cortas para conservar el calor del cuerpo.

Tienen garras afiladas en sus patas. Las usan para excavar **guaridas**. A veces se acurrucan con otras liebres para darse calor.

También usan las garras para excavar y buscar comida. Puede ser difícil conseguir comida en invierno. Encuentran ramitas y otras plantas comestibles bajo la nieve.

En los meses de verano a las liebres polares les gusta comer brotes, frutas del bosque, raíces y otras plantas.

Crías de liebres polares

Las hembras dan a luz una vez al año, en primavera o en verano. Las **camadas** tienen de 2 a 8 **lebratos**. Los lebratos crecen rápidamente. Cuando tienen unas 5 semanas, pueden salir del nido para buscar comida.

Más datos

- La liebre polar es la **especie** más grande de liebre.
- Si una liebre polar presiente un peligro, se levanta sobre sus patas traseras y mira alrededor. Si se asusta, puede correr hasta a 40 millas por hora (64 km/h) para escapar.
- Las liebres polares deben cuidarse de animales como los armiños, zorros polares y búhos nivales.

Glosario

camada - conjunto de crías de animales nacidas en el mismo parto.

especie - grupo de seres vivientes que son semejantes y pueden reproducirse juntos.

guarida - lugar o estructura que ofrece protección contra el clima u otros peligros.

hielo marino - agua congelada de océano, normalmente cubierta de nieve.

lebrato - liebre de menos de un año.

subpelaje - capa de pelos cortos que crece cerca de la piel del animal, cubierta por una capa de pelos más largos.

Índice